NOTICE

SUR

SŒUR JEAN DE LA CROIX

RELIGIEUSE DE LA PROVIDENCE DE LANGRES

SUPÉRIEURE DE L'ÉTABLISSEMENT DE SOMMEVOIRE

ASSISTANTE DE LA R. MÈRE GÉNÉRALE

DÉCÉDÉE A SOMMEVOIRE LE 17 OCTOBRE 1887

DANS SA 70e ANNÉE

LANGRES
IMPRIMERIE ET LIBRAIRIE RALLET-BIDEAUD
3, rue de l'Homme-Sauvage, 3

1888

NOTICE

SUR

SŒUR JEAN DE LA CROIX

NOTICE

SUR

SŒUR JEAN DE LA CROIX

RELIGIEUSE DE LA PROVIDENCE DE LANGRES

SUPÉRIEURE DE L'ÉTABLISSEMENT DE SOMMEVOIRE

ASSISTANTE DE LA R. MÈRE GÉNÉRALE

DÉCÉDÉE A SOMMEVOIRE LE 17 OCTOBRE 1887

DANS SA 70e ANNÉE

LANGRES
IMPRIMERIE ET LIBRAIRIE RALLET-BIDEAUD
3, rue de l'Homme-Sauvage, 3

1888

SŒUR JEAN DE LA CROIX

I

L'un des projets les plus chers à la Révolution, c'est de chasser les religieuses des écoles, des hôpitaux, de la famille, des campagnes et des cités, — du monde, s'il se pouvait, si Dieu continuait à laisser faire.

En quoi d'ailleurs elle se montre logique. Car tant qu'une religieuse traversera, — entourée de respect et saluée bien bas par des hommes même, qui lui disent avec une touchante sincérité : « ma chère sœur, » — les rues de nos villes et de nos hameaux, où leur austère vêtement parle de Dieu, de religion, de dévouement, la Révolution ne parviendra pas à établir parmi nous son drapeau ; ou si elle essaie de le fixer au sol, quand elle le croira bien solidement planté, un coup de vent soudain le jettera à terre. C'est une des consolations de l'heure actuelle de voir que le peuple tient à la religieuse. Quelque perverti qu'il soit par les idées courantes, il ne peut s'empêcher de gémir sur le présent assombri, sur l'avenir précaire. Par un reste de respect pour une vieille idole qu'il a si longtemps adorée, et que l'amour propre lui défend de brûler si vite, il n'avoue point sa pensée, mais il réfléchit. Et quand il rencontre la sœur avec sa robe sombre, sa guimpe blanche qui tranche sur le voile noir, le rosaire qu'elle égrène et dont les grains s'entre-choquent avec un bruit religieux, la croix modeste qui brille sur sa poitrine, cela le fait réfléchir. Elle lui apparaît, semblable à l'hirondelle qui vient annoncer le printemps. Et si elle s'en allait, il croirait voir l'hirondelle — l'hirondelle de sa maison, blanche et noire aussi, — qui, un soir d'automne, tourne avec anxiété autour de l'habitation, visite une dernière fois la demeure hospitalière qui l'a reçue, fait ses adieux à son nid, et part, remplissant l'air de petits cris de détresse.

Mais les hirondelles *ne partent que pour revenir*.

Comment le peuple n'aimerait-il pas la sœur de nos campagnes ? Elle élève ses enfants avec un dévouement qui ne connaît point d'arrière-pensée, de sollicitude personnelle. Elle n'a pas de maison à pourvoir, d'avenir à poursuivre, de famille naturelle qui partage son cœur et vienne rien distraire de son temps, de ses soins, de sa pensée toute consacrée à tous. On le sait, et comme le désintéressement et l'affection amènent la confiance, elle attire à elle, comme un aimant, la jeunesse qui vient d'elle-même se couvrir de sa protection. Dans son amour, nul alliage humain; dans ses vues, nulle préoccupation terrestre qui fausse ses jugements. C'est pourquoi cet amour est constant, ces vues sont élevées et se font accepter ; c'est pourquoi elle exerce une influence considérable même sur les impies pour qui sa vie demeure le problème touchant de la bonté à la recherche constante du bien. Pour eux ce problème n'est pas toujours insoluble. Quand l'âge est venu, avec le calme du soir de la vie où les passions se taisent, où les haines s'oublient, où les préjugés s'amoindrissent, — comme au crépuscule s'adoucissent les teintes des choses, — elle se présente au chevet du vieillard d'où elle est rarement repoussée. Pourquoi lui en voudrait-il à cette humble fille qu'il a dédaignée parfois, mais qui n'en a pas moins continué à l'égard des siens son œuvre de miséricorde doucement obstinée? Il ne lui en a même jamais voulu, mais il la raillait peut-être à cause de sa livrée religieuse, en ce temps lointain où il était de bon ton dans certaines compagnies de railler la religion. Encore distinguait-il entre la religion et la sœur. Maintenant qu'elle lui parle avec cette grâce communicative particulière à la femme, avec son cœur de religieuse rempli de l'amour de J.-C. et des âmes, il commence à comprendre que c'est la religion qui l'inspire, et que la religion aussi est bonne puisqu'elle lui envoie une telle consolatrice.

Aussi la religieuse pénètre-t elle partout. Où le prêtre n'entre qu'en hésitant, les portes s'ouvrent toutes grandes devant elle. Les Apôtres se servaient des saintes femmes, — les premières religieuses — pour expliquer leur enseignement, et même pour baptiser. Nos évêques missionnaires n'agissent pas autrement, au Sénégal ou en Cochinchine. Leur ministère serait paralysé sans les religieuses qui les accompagnent, qui parlent aux noirs, aux païens, et attirent les âmes dans les filets de l'Eglise par la séduction de leur parole, de leur douceur, de leurs prévenances, de leur sourire qui est le sourire de la charité.

Ce ministère apostolique, la religieuse le continue dans la paroisse. La voyez-vous passer, légèrement empressée, comme Marthe, enveloppée de dignité et de religion, longeant la grand'rue, puis entrant dans les ruelles caillouteuses, suivant des sentiers étroits qui mènent à des chaumières, à des galetas infects où elle devra souvent prendre elle-même le balai, purifier l'air, panser des plaies en putréfaction ? Chacun l'aborde ; on lui demande des remèdes, on lui confie un ennui. Elle répond avec bienveillance, précise et sobre dans ses paroles, sans laisser dévier la conversation, de peur que la charité ne soit blessée, et qu'une familiarité vulgaire, en rapprochant trop les distances, n'entame le respect. Sa consultation finie, elle termine par un bon conseil qui vise l'âme, s'incline en souriant et poursuit son chemin. C'est que ses instants sont précieux. Sans doute, elle est préoccupée de soulager le corps ; mais elle voit sa mission plus élevée qui est d'aider le prêtre, de le devancer et de préparer sa venue. Auxiliaire du prêtre, elle ne fait rien sans avoir pris conseil de lui, comme les saintes femmes n'agissaient jamais sans l'avis, l'inspiration ou l'ordre des Apôtres. Car lui seul a mission, autorité et grâce pour gouverner.

Quand elle a passé trente ans de sa vie en accomplissant ainsi le même constant devoir, avec la simplicité, la conviction et la gravité religieuses, dans une paroisse qu'elle a tenue et formée, Dieu seul peut compter ses mérites, ses dévouements et ses sacrifices. Les hommes en savent bien aussi quelque chose, et lorsqu'elle s'est endormie dans l'aimable rayonnement de sa dignité restée intacte, immaculée, ils veulent que sa tombe soit au milieu de leurs tombes, et ils disent en pleurant : « Cette femme est notre mère à tous ; car c'est elle qui nous a tous élevés ! »

Ce n'est pas un portrait idéal que je viens de tracer, mais le portrait fidèle de Libère Languet, en religion Sœur Jean de la Croix, décédée à Sommevoire, le 17 octobre 1887.

II

Elle naquit à Champigny-les-Langres en 1817 de Pierre-Paul Languet et de Jeanne Garnier. Son père mourut quand elle était toute petite enfant, et elle ne connut sa mère que quelques années. Jeanne Garnier se distinguait par sa foi et par son caractère. Ces deux qualités, elle les déposa dans l'âme de sa fille où bientôt, hélas ! elles se gravèrent avec l'empreinte d'une nouvelle douleur, la plus terrible au cœur d'un enfant : Jeanne Garnier mourut à son tour. Une tante recueillit la petite fille et l'emmena à Langres. Libère avait dix ans, elle fit ses premières études chez les Sœurs de la Providence qui remarquèrent dès lors la vivacité de son esprit et la sûreté de son jugement. M.r Vautrin, vicaire de la cathédrale, qui lui faisait le catéchisme, fut frappé de trouver en une enfant si jeune une intelligence aussi pénétrante, aidée d'une foi dont la précoce solidité le surprenait. C'était la douleur sans doute qui l'avait ainsi mûrie, laissant deviner que cette petite fille déjà sérieuse deviendrait un jour un caractère. Il lui donnait toujours la première place et il lui eût fait, dès lors, sa première communion, si les règlements du diocèse ne s'y fussent opposés. Mais l'année qui suivit ne fut point perdue pour autant, il en profita pour développer en Libère Languet la piété, le zèle et la simplicité judicieuse qui distinguaient surtout cet homme de devoir, qui, par modestie, voulut toute sa vie rester vicaire de la cathédrale.

Après sa première communion, elle continua son séjour auprès de sa tante, travaillant des doigts avec une prodigieuse habileté, et meublant son esprit par la lecture d'une foule de livres sérieux dont elle confiait les saines conclusions à sa belle mémoire, comme un trésor inamissible où elle devait puiser plus tard une grande richesse de pensées, un style étonnamment facile, un goût sévère et sûr. Les attraits extérieurs ne lui manquaient point, non plus que la gaieté qui est le privilège heureux de toute jeunesse ; mais ces éclats de joie qui sont un besoin à cet âge étaient tempérés par une dignité exquise, qui lui venait des souvenirs de tristesse de ses années orphelines, et de la pensée longuement réfléchie de se donner à Dieu.

Elle avait dix-huit ans quand elle entendit la voix divine. Aussi, sans même prêter l'oreille aux sollicitations du monde qui lui faisait valoir les avantages qui le charmaient en elle, Libère Languet entra au Noviciat de la Providence, décidée à oublier le peu qu'elle savait des vanités terrestres, heureuse de cesser d'être orpheline puisqu'elle allait devenir en religion l'enfant privilégiée de Marie. La règle, le détachement, l'obéissance, les devoirs de la religieuse devinrent sa passion. Et cependant, après plus d'une année de règle stricte et de ferveur, quand elle touchait presque au bonheur tant désiré d'être enfin l'Epouse de J.-C., elle hésitait, elle doutait d'elle-même, se croyant indigne de prendre place parmi les vierges du Seigneur. Monseigneur Parisis devina ses scrupules, qui n'étaient d'ailleurs que l'épreuve ordinaire voulue par Dieu, et il lui dit avec cette autorité qui vous donne la certitude d'être dans le vrai chemin : « Ma fille, vous serez religieuse! »

En 1837 elle était envoyée à Sommevoire. Elle y trouva une population avenante, affectueuse, facilement inflammable, mélangée d'ouvriers nombreux et de cultivateurs, avec les vices et les qualités des centres ouvriers, où parfois le sang coule chaud dans les veines, comme le métal en fusion versé dans les moules. Les champs y sont fertiles, les sources de la Voire limpides, et ses rives bien fleuries. La vie s'y montre facile, et les habitants se laissent volontiers glisser sur la pente d'une familiarité qui peut devenir plus que cordiale. Or, il est incroyable quelle autorité acquit tout-à-coup cette jeune religieuse de vingt ans, en qui la dignité d'ailleurs suppléait à l'âge ; dignité qui excluait la hauteur, gardant le brillant de la jeunesse avec la mesure qui se possède, et paraissant toujours condescendre. Elle avait le don de l'enseignement qui demande la science, la sûreté maîtresse de la parole et la clarté d'exposition. En y ajoutant l'enthousiasme de ses vingt ans, on comprend qu'elle ait alors marqué son sillon dans les intelligences.

On la savait capable de tout apprendre et de tout enseigner. En 1841, il fut question d'établir à Chaumont une école de sourds-muets qui devait être confiée aux Sœurs de la Providence. Sœur Jean de la Croix partit aussitôt à Besançon afin d'étudier la méthode des signes qui servent de langage à ces malheureux. Elle s'y consacra avec sa ténacité et son impétuosité ordinaires, si bien qu'après quelques mois elle revint possédant parfaitement cette science si aride qu'elle enseigna avec succès.

Mais elle avait laissé son cœur à Sommevoire. Les lieux où l'on a enseigné pour la première fois, y dépensant avec ses forces neuves la fleur de son zèle, nous sont toujours plus chers que les autres. Jamais plus tard nous ne retrouverons cette poésie du devoir accompli, cette foi naïve en soi-même, cet enthousiasme que l'on mettait à expliquer les choses les plus simples. Les premiers élèves sont aussi les plus aimés, on ne les oublie jamais, ceux-là : ils ne vous oublient pas non plus. Ce fut donc une grande joie pour Sœur Jean de la Croix quand, en 1849, elle fut renvoyée en qualité d'économe de Montigny-sur-Aube, à Sommevoire, ce pays de sa jeunesse, et sans doute aussi de ses rêves, dont elle disait plus tard :

— « Sommevoire, c'est une portion de moi-même ! »

III

Ce n'était plus alors, comme l'a si bien dit sur sa tombe M. le maire de Sommevoire, « la jeune sœur d'autrefois, » embrasée de zèle, mais « ignorante encore de bien des choses de la vie. » C'était une femme accomplie, mûrie par douze années d'expérience, qui revenait dans ce pays qu'elle aimait, lui apportant toute son ardeur, toutes les ressources de son cœur « grandement doué » qui, ayant déjà vu la misère humaine de près, se sentait plus porté vers les malheureux ; toutes les richesses de son intelligence qui s'était appliquée aux choses pratiques de l'existence, aux détails douloureux qui en constituent le fond.

Sa tâche était difficile : une véritable communauté de sœurs à diriger, l'hospice, les écoles, les malades, les deux églises de Sommevoire, tout cela lui demandait une activité, un tact, une présence d'esprit, un jugement surtout qu'on ne trouva jamais en défaut. M. Jacquot était alors curé de Sommevoire, — un homme remarquable par sa dignité un peu rigide, sa direction ferme, sa tenue irréprochable comme sa conduite. Aujourd'hui encore après cinquante ans, sa paroisse ne l'a pas oublié, et cette année même, sur l'inspiration délicate de son nouveau curé, elle lui a érigé au milieu du cimetière, au pied de la croix, une pierre tombale qui est un monument. C'est peut-être à lui que revient la gloire d'avoir formé en Sœur Jean de la Croix l'esprit paroissial qui la distinguait, et que M. Leclerc avait inculqué à sa communauté.

Elle se mit à l'œuvre aussitôt, s'empara des jeunes filles, les dirigeant suivant leur âge et leur caractère, leur montrant la vie sous des couleurs vraies, tour à tour enjouée et sévère, séduisante et autoritaire, mais sachant se les attacher et n'éteignant jamais la lampe qui fume encore.

La sacristie était dans un état pitoyable, mal tenue et manquant presque du nécessaire. Or Sœur Jean de la Croix avait une prédilection pour ces sortes de travaux qui concourent à la beauté du culte; et ses doigts habiles, nous le savons, servaient admirablement son zèle et sa foi. Pour elle tout ce qui touchait à l'autel était sacré, et le temps employé à la confection du linge, aux broderies, aux ornements sacerdotaux, aux tapis de l'autel lui paraissait plus particulièrement béni. Elle savait tout faire, et faisait tout avec goût, avec bonheur, comme si elle eût éprouvé une grâce sensible chaque fois qu'elle travaillait pour l'église.

M. Jacquot mourut en 1850, trop tôt pour elle; mais l'impulsion était donnée, Sœur Jean de la Croix la suivit sans jamais dévier. Elle était trop sérieuse pour agir autrement que par conviction; or sa conviction à elle, c'était qu'elle devait obéir. A ce prix elle sut gouverner, et de telle sorte que son passage à Sommevoire a marqué comme un *règne,* et que dans cinquante ans on dira encore : « C'était du temps de Sœur Jean de la Croix ! »

Le choléra vint faire ressortir un autre côté de cette nature généreuse.

On la savait institutrice remarquable, femme d'ordre et femme de tête ; on ignorait encore ce que cette sœur de doctrine pouvait faire comme sœur de charité. Elle passa des nuits sans prendre une seule minute de repos, toujours en tournée, entrant dans chaque famille, soignant les cholériques, relevant le moral abattu, trouvant dans son caractère la parole qui raffermit et dans son cœur le mot qui touche, console et fait espérer. On peut bien dire qu'à sa suite le courage et l'espérance pénétraient dans les maisons. Et cependant sa santé était souvent débile et sa constitution, forte en apparence, déguisait une complexion délicate. Mais elle paraissait n'y point prêter attention et de fait, pendant de longues semaines, elle oublia de songer à elle-même.

Il est facile de comprendre pourquoi cette religieuse qui paraissait austère plutôt, était pourtant si attirante. Ses œuvres, sa vie parlaient pour elle. Aussi possédait-elle la confiance de toutes les femmes, de toutes les jeunes filles. Si l'on était tourmenté de quelque inquiétude, de quelque peine secrète on se disait : « J'irai voir Sœur Jean de la Croix. »

— J'attendais qu'elle fût rétablie pour lui conter mes peines, disait dernièrement une pauvre femme.

Les hommes même n'échappaient pas à son ascendant aussi irrésistible que bienveillant, et l'un d'eux traduisait un jour sa pensée de cette façon pittoresque, en se rendant chez elle pour la consulter :

— Je vais voir Sœur Jean de la Croix. C'est une femme, çà !

Les ouvriers étrangers qui venaient travailler dans la belle usine de Sommevoire étaient surpris du respect extraordinaire qui environnait cette femme. Parfois ils apportaient avec eux les habitudes poseuses de ces libres-penseurs mal élevés qui croient se donner du relief en passant devant une religieuse le chapeau sur la tête; et ils ne se découvraient pas. La bonne sœur les regardait en souriant, ce qui les décontenançait singulièrement.

— Les premiers jours, ils ne nous saluent pas, racontait-elle, mais peu à peu ils prennent les habitudes de Sommevoire.

Un trait qui suffira à peindre le respect qu'elle inspirait. Il y a environ dix ans, la commission d'hospice s'était réunie en séance ordinaire et quelques membres ne se trouvaient point d'accord. L'un d'eux — étranger au pays, — envenima la question par des paroles vives, et ne sachant à qui s'en prendre, comme les gens qui ont tort, il s'emporta jusqu'à dire un mot malsonnant à l'endroit de sœur Jean de la Croix. Mais ce procédé fut aussitôt relevé, et vertement.

— « Sachez, Monsieur, dit l'un des membres présents avec une indignation qui ne souffrait point de réplique, sachez que cette femme, nous la considérons tous un peu comme notre mère! »

IV

Elle avait eu le bonheur de connaître quelques-unes des mères fondatrices de la Communauté, de recueillir avec leurs leçons, l'esprit du vénérable M. Leclerc, puisé aux sources les plus pures. « Soyez les auxiliaires des curés, » disait-il souvent. Et, dans la belle lettre qu'il adressa de Longeau, le 26 septembre 1813, au jeune Institut et qui demeure comme l'expression testamentaire de sa pensée de fondateur, il ajoutait : « Vous êtes associées aux « travaux et aux récompenses des Apôtres et des « pasteurs, puisque, comme eux, vous êtes appelées « à former les âmes à la vertu et à établir le règne « de Dieu et de la religion dans les paroisses où « vous serez envoyées. »

Sœur Saint Jean de la Croix se montra la digne enfant de M. Leclerc, et sa vie entière ne parut que l'application constante de ces maximes. Il y a vingt-cinq ans environ, M. Bas, curé de Sommevoire, lui témoigna le désir qu'il y eût un chœur de chant parmi les jeunes filles afin de rehausser l'éclat des fêtes par une bonne exécution des cantiques, et même du plain-chant. Pour elle, un désir de son curé c'était un ordre.

— « Me voyez-vous, disait-elle un jour à son

neveu, apprendre la musique et l'harmonium, avec mes cheveux blancs ? »

Elle réussit pourtant, et nulle part je n'ai entendu chanter les jeunes filles comme à Sommevoire ; nulle part non plus je n'ai vu église mieux décorée, tenue plus parfaite de la jeunesse aux adorations perpétuelles. C'était l'œuvre de Sœur Jean de la Croix présente partout, ayant l'œil à toute chose, donnant des ordres à chacune, et sachant les donner. Ce n'est pas tout que de commander, il faut de plus la précision et l'autorité qui emportent la certitude d'être obéi.

Ce furent sans doute ces qualités maîtresses d'autorité, de jugement et de coup d'œil qui la firent désigner par ses compagnes comme assistante de l'ordre en 1879. Mais il fallait quitter Sommevoire. Elle-même s'y fût résignée sans doute. Une religieuse est comme le soldat qui campe ici aujourd'hui, ailleurs demain. Ce n'est qu'au ciel que sa tente sera fixée, et encore par obéissance, quand la mort donnera ses ordres au nom de Dieu. Son cœur eût saigné, mais qu'importe ? A combien d'épines elle avait laissé des gouttes de ce sang pendant sa longue carrière !

Les habitants de Sommevoire ne se résignèrent point pour eux à la séparation. Sœur Jean de la Croix les gouvernait depuis trente ans juste, les trente années fécondes de sa maturité, elle leur appartenait maintenant, pensaient-ils, on n'avait pas le droit de la leur enlever. Le maire et le président du Conseil de Fabrique adressèrent à Monseigneur Bouange une requête éloquente, motivée, pressante, décisive; si bien que le cœur du bon Evêque se laissa toucher tout en maintenant dans une certaine teneur la mesure prise. Elle ne quitterait point Sommevoire, mais elle se rendrait à Langres à certaines époques pour y assister aux conseils de l'Ordre.

Cette décision dut la trouver sensible ; toutefois elle n'en dit rien : son vœu d'obéissance étant la mort de sa volonté, celle-ci n'avait plus le droit de parler. Mais tout en s'occupant des intérêts généraux de l'Institut avec un zèle éclairé et un jugement profond, elle aimait à reprendre la direction de l'esprit paroissial. Pour elle la paroisse avant tout. Là, elle mettait sa vie, son âme, ses espérances, là aussi elle recueillait de bien douces consolations.

En 1883, M. l'abbé Noblot, nouvellement arrivé à Sommevoire, voulut donner comme une forme nouvelle à la Congrégation de la Sainte-Vierge. C'est en effet sur la jeunesse principalement qu'il faut travailler à établir un avenir chrétien. Elle offre encore des ressources puissantes pour ceux qui ont la grâce et le bonheur de les mettre en œuvre. Il décida des réunions mensuelles et songea à faire élire une présidente. Il communiqua son projet à Sœur Jean de la Croix. « Ce sera très bien, » fit-elle simplement. Puis elle ajouta : « Pour « la présidente, je les connais bien, ces enfants-là. « Elles me nommeront toutes! »

Comme M. le Curé paraissait surpris :

« Je ferai ce que vous voudrez, dit-elle. Si vous y voyez quelque inconvénient, je n'accepterai pas, mais je vous assure qu'elles agiront ainsi. »

En effet, à l'unanimité elle fut proclamée présidente ; ce dont M. le curé fut ravi. Il savait bien que personne mieux qu'elle ne pourrait conduire cette jeunesse qui la vénérait; mais qui l'aimait aussi puisqu'elle venait de lui témoigner sa confiance par une sorte d'acclamation. Et cela était si sincère que de part et d'autre on le trouvait tout naturel, tant la tradition de respect qui régnait autour de cette vénérable religieuse s'était fortifiée d'attachement profond et d'affection.

V

Cependant elle vieillissait. Sa charité pour les pauvres ne diminuait point, ses conseils même étaient plus élevés, plus misécordieux que jamais; toutefois sa santé la contraignit à restreindre ses visites. Elle s'occupait toujours de l'enseignement, des méthodes actuelles, ne laissant pas à d'autres le soin de donner, en dehors des heures réglementaires, aux élèves les plus avancées le complément supérieur de l'instruction.

Leçons graves et douces, fruit de son expérience de cinquante ans et dont celles qui les ont reçues n'oublieront jamais les considérations solides et pratiques! Les lois nouvelles la frappèrent au cœur et elle se prit à éprouver un immense ennui mêlé de dégoût. C'est alors qu'elle disait à Dieu : « Mon

Dieu, si telle est votre volonté, retirez-moi bientôt du monde! » Elle voyait dans l'avenir des générations qui ne connaîtraient plus Dieu, qui ne l'aimeraient plus; des jeunes filles qui seraient arrachées aux religieuses, et il lui semblait qu'on lui arrachait le cœur de la poitrine!

Alors elle se consacrait avec une ardeur surprenante à sa vieille église. Celle-ci du moins, lui parlait toujours de Dieu et du ciel, avec ses ogives diverses et son portail sous lequel neuf siècles se sont assis, surtout avec les souvenirs d'une vie entière passée à prier Dieu et à le servir dans ce même banc qu'elle occupait depuis tantôt quarante ans. Elle se mit à préparer un ornement avec sa joyeuse vivacité d'autrefois, puis son ardeur tomba, ses forces défaillirent, et quand elle l'eut achevé, elle dit :

— « C'est le dernier. Je n'en ferai plus! »

Mais elle n'avait rien changé à ses rigides habitudes religieuses. En plein hiver, elle assistait toujours à la messe de grand matin, dans l'église froide. Quelquefois elle paraissait courbée et comme brisée. On lui représenta que la règle n'exigeait pas de tels sacrifices. Elle répondit :

— Une supérieure doit toujours être la première.

Nous lui disions un jour : — « Nous ferons bientôt votre cinquantaine, n'est-ce pas? Ce sera une belle fête, toute la paroisse y sera, et nous n'aurons garde d'y manquer. »

Elle ne s'en défendait point, mais elle répondait en souriant :

— Pour cela, il faut aussi que j'y sois.

Or elle ne devait plus y être. Vers la fin de juillet dernier, elle fut atteinte d'une péritonite aiguë qui fit craindre dès lors une issue fatale. Cependant au mois d'août, elle tint à assister à la distribution des prix afin de voir encore une fois couronner ses enfants. Mais elle était visiblement affaissée. Peut-être que ces fraîches couronnes qui ornaient les jeunes fronts la faisaient penser à la couronne céleste. Depuis ce jour, elle ne se releva plus ; et dans tout le pays il y eut comme un frémissement douloureux quand on apprit cette grave nouvelle : « Sœur Jean de la Croix est bien malade ! »

A Langres même on s'inquiéta, et la supérieure générale vint la visiter le 11 octobre. C'étaient deux amies en qui les nœuds de religion avaient encore resserré l'affection naturelle. L'entrevue fut des plus déchirantes. L'une et l'autre durent faire appel à leur foi, et sœur Jean de la Croix tout émue qu'elle était, trouva la force de rester calme en face de la dernière heure qui s'approchait, comme le soldat qui attend l'ordre d'aller mourir. Le soir même elle fit appeler M. le curé de Sommevoire :

— Je sens que mes forces s'en vont. Veuillez m'apporter le bon Dieu, car demain je ne serai plus ce que je suis ce soir.

Quand le prêtre fut revenu avec le saint Viatique, et qu'il lui eut adressé une exhortation vraiment émouvante, elle se souleva et prit elle-même la parole. D'une voix qui essayait de ressaisir un reste d'énergie, elle fit un acte de foi solennel et demanda pardon aux religieuses de la peine qu'elle leur avait peut être causée pendant les longues années qu'elle les avait dirigées, puis elle répondit à toutes les prières. La visite et la possession de son Dieu l'avaient ranimée, et pendant que toutes ses filles pleuraient, elle dit à M. le curé qui allait se retirer :

— Donnez donc un mot d'encouragement à nos sœurs. Vous voyez, elles en ont grand besoin.

Comme les sanglots éclataient unanimes et déchirants, elle seule gardait la pleine possession de son âme.

Le lendemain en effet, une détente s'étant produite, son énergie s'était comme rendormie. Son neveu, M. l'abbé Languet, curé de Courcelles-en-Montagne, arrivait pour lui fermer les yeux. Elle conservait une grande sérénité, mais elle ne paraissait plus vivre en ce monde. Elle dit cependant :

— Je suis calme, tout est bien, je pense avoir organisé toutes choses pour le mieux.

Il restait toutefois un détail pénible à régler. Très attachée à sa famille, elle avait dit un jour : « Je désire que mon corps soit déposé auprès de celui de ma bien-aimée sœur. » Cela se répétait à Sommevoire, et les habitants étaient consternés. M. l'abbé Noblot se fit, avec le tact qui lui appartient, l'interprète de l'appréhension publique : « Le désir unanime, dit-il, est que vous restiez au milieu de nous. »

— « Si c'est pour la gloire de Dieu, répondit-elle, j'y consens. »

Cette décision jeta un peu de joie parmi la douleur générale.

Le jeudi elle fit venir chacune des sœurs en particulier et leur recommanda de rester de bonnes religieuses. Supérieure jusqu'à la fin, elle avait tenu à ce que les exercices se fissent dans sa chambre, voulant en quelque sorte mourir en fonction. Toutes les enfants qu'elle avait élevées demandaient à la voir, à lui témoigner que leur affliction était égale à leur reconnaissance. Elle les fit entrer et leur dit avec son accent de vieille autorité que les circonstances rendaient sacrée :

— « Mes enfants, soyez toujours chrétiennes, pieuses, fidèles à vos devoirs. »

Alors elle se trouva plus mal, et les religieuses se réunirent autour de son lit pour réciter les prières des agonisants, puis elles lui demandèrent sa bénédiction :

— « Oui, mes enfants, dit-elle avec effort, que le Seigneur vous bénisse, qu'il vous protège. Soyez toujours de bonnes religieuses. Vivez pour Dieu seul ! »

Ensuite ses lèvres se fermèrent, mais elle gardait son entière connaissance. Tout Sommevoire voulut la visiter sur son lit. On ouvrit les portes et pendant deux jours ce fut un défilé navrant et triomphal, le défilé de la douleur et de la gratitude affectueuse. Les hommes, les femmes arrivaient, la regardaient et s'en retournaient en pleurant. Et comme le sentiment populaire s'exprime tout haut, rien n'était touchant comme les paroles qui sortaient de la foule. Un ouvrier de cinquante ans s'écriait; « C'est elle qui m'a préparé à ma première communion ! C'est elle qui m'a sauvé du choléra. »

— « Ici elle a élevé tout le monde, » répondait

une autre voix. Et les phrases entrecoupées expiraient dans les sanglots.

Le dimanche 16 octobre, vers minuit, elle éprouva une défaillance; on la ranima avec un peu d'eau de Notre-Dame de Lourdes.

— « Mon Dieu, ayez pitié de moi, dit-elle, Sainte Marie priez pour moi, maintenant et à l'heure de ma mort. »

Autour d'elle on continuait à prier. Elle ne pouvait plus parler, mais ses yeux disaient qu'elle comprenait toujours, qu'elle priait toujours, et ses lèvres remuaient, essayant de redire les invocations qui lui étaient suggérées. « Elle ne cessa de prier, écrit une religieuse, que lorsqu'elle cessa de vivre. »

Deux heures après, le lundi matin, elle s'éteignit doucement, comme la lampe du sanctuaire qui meurt après avoir jeté devant l'autel un dernier et soudain rayonnement.

Aussitôt on la revêtit de ses habits religieux, et on la déposa sur un lit de parade couvert de roses blanches. La mort avait rendu à ses traits leur grave sérénité habituelle. Sa main serrait son chapelet, son crucifix et la formule de ses vœux ; ses pieds foulaient une couronne, symbole des honneurs éphémères qu'elle avait méprisés. Son humble chambre se remplit de fleurs virginales et de prières. Après deux jours, son corps était encore flexible et n'exhalait aucune odeur, bien qu'elle eût succombé aux suites d'une péritonite.

La *Semaine Religieuse* a raconté combien splendides furent ses funérailles. M. l'abbé Noblot à l'église, M. le maire sur la tombe, ont redit avec émotion quelque chose des vertus de Sœur Jean de la Croix. Celui-ci la remercia particulièrement « de ce qu'elle avait voulu demeurer au milieu de sa grande famille. » Le peuple aussi fit son oraison funèbre d'un mot, d'un de ces mots profonds qui entr'ouvrent comme un vaste horizon de souffrances et de charité. Pendant que toute la paroisse — plus de sept cents personnes — envahissait le cimetière et que les jeunes filles chantaient auprès de la fosse le *Languentibus* dont chacune des paroles plaintives retentissait comme une prière d'outre-tombe, un homme disait en s'essuyant les yeux :

— « Ah ! que de secrets elle emporte dans la tombe ! »

Et nous, nous ne pouvons nous défendre de songer à ces paroles en quelque sorte prophétiques de M. Leclerc : « Vos noms, mes chères sœurs, seront « chéris et respectés avec une tendre reconnais- « sance dans les paroisses par les générations sui- « vantes, comme vous voyez qu'on se rappelle avec « attendrissement la mémoire des pasteurs qui ont « fait fleurir la vertu dans une paroisse. »

Ch. Rondot.

DISCOURS DE M. LE CURÉ

Laudent eam in portis opera ejus.

Dans cette paroisse, ses œuvres feront son éloge.

Mes Frères,

La mort d'un chrétien apporte toujours avec elle de précieux enseignements, pour ceux qui en sont les témoins attristés. En présence de la dépouille mortelle d'un parent, d'un ami, on aime à se recueillir, à prier, et si oubliée du monde, si humble qu'ait été sa vie, c'est volontiers qu'on rappelle ses qualités, qu'on parle de ses vertus, qu'on loue ses bonnes actions. Mais, quand la vie d'une âme qui vient de paraître devant Dieu, n'a été qu'un long tissu de bonnes œuvres, quand cette vie a été faite tout entière de dévouement et de sacrifice, il est juste que la reconnaissance le proclame, et qu'on lui applique les paroles de la sainte Ecriture : ses œuvres feront son éloge. En empruntant ces mots admirables en leur simplicité, au portrait tracé par Dieu lui-même, d'une femme profondément dévouée à ses devoirs, je crois, Mes Frères, être l'interprète de ce que vous pensez tous de Libère Languet en religion sœur Jean-de-la-Croix.

Dieu la fit naître en 1817 à Champigny-les-Langres en une famille patriarcale, où les traditions de foi et de vertu se transmettent de génération en génération. C'est vous dire que ses premiers pas dans le monde furent guidés par des parents dont la crainte de Dieu dirigeait toutes les actions. Orpheline de bonne heure, elle fut confiée aux mains d'une vénérable tante, qui s'appliqua à développer les qualités précieuses remarquées dès lors dans cette enfant de 12 ans.

Avec les années de la jeunesse, commence pour elle la réflexion, elle se demande quelle sera sa voie. Douée d'une imagination vive, d'un caractère énergique, déjà initiée aux vertus chrétiennes par les pratiques d'une piété solide et éclairée, on comprend que la vie religieuse avec ses devoirs austères, ait charmé cette âme. Dieu l'appelle, et à 20 ans, nous la trouvons novice à la Providence de Langres. Ses compagnes d'alors pourraient nous dire et sa ferveur et sa régularité, et cette parfaite obéissance qui en faisaient un modèle accompli. Cependant, disons-le, au seuil de la vie religieuse, elle eut un moment d'hésitation, parfois Dieu le permet pour éprouver une vocation ; mais Monseigneur Parisis qui déjà avait distingué les éminentes qualités de la jeune novice, lui dit dans une retraite : « Ma fille, vous serez religieuse. » Il eût pu ajouter : « Et parfaite religieuse. »

C'est à Sommevoire que sœur Jean de la Croix commence sa vie d'action. C'était en 1837. On lui confie la première classe. Depuis quelques années seulement, les sœurs de la Providence avaient été appelées en cette paroisse par le vénérable curé, Monsieur Pasquier. L'une d'elles apportait son dévouement au soin des malades, et la seconde, sœur Jean-de-la-Croix, en dispensant aux jeunes filles une instruction solide, formait leurs cœurs à ces vertus chrétiennes qui devaient un jour en faire des femmes sérieuses.

En 1841, la volonté de ses supérieurs l'envoie à Chaumont où elle ne fait que passer, puis à Montigny-sur-Aube. Là, elle continue la même œuvre et avec le même zèle qu'à Sommevoire. Pour cette âme d'élite, la vie c'était le dévouement, l'abnégation d'elle-même, et sous quelque forme que se présentât le renoncement, elle l'embrassait avec ardeur, j'allais dire elle en faisait ses délices.

Cependant, dans les desseins de Dieu, cette paroisse devait être le principal théâtre de ses œuvres et le centre de sa vie, c'est pourquoi en 1849, elle revenait à Sommevoire, on l'avait nommée économe.

Ah ! c'est ici surtout, Mes Frères, que nous pouvons le dire, ses œuvres font son éloge. Nos églises, grâce au zèle d'une municipalité intelligente, étaient sorties de leurs ruines, d'importantes réparations avaient été faites ; mais, si les édifices sacrés avaient été restaurés, le culte divin manquait de splendeur, les ornements sacerdotaux étaient à peine suffisants. Sœur Jean-de-la-Croix le comprit. La nature l'avait merveilleusement douée pour les travaux manuels, et en peu d'années, grâce à sa prodigieuse activité, à son habileté étonnante, la sacristie de la paroisse fut enrichie d'ornements nombreux et d'un goût parfait. Ce travail, elle le continua presque jusqu'à sa mort, car, il y a trois mois à peine, alors que pour elle commençaient les douleurs qui devaient mettre fin à ses jours, elle achevait un magnifique ornement en me disant : c'est le dernier.

Mais, si importants que fussent ses travaux, pour elle ce n'était point la tâche principale. Sa fonction d'économe la conduisait au chevet des malades. Ah! Mes Frères, vous connaissez mieux que moi les trésors de dévouement qu'elle vous prodiguait. Vous l'avez vue mille fois apporter à tous les soins corporels, et en même temps avec un tact et une délicatesse exquise, consoler, fortifier les cœurs, et préparer ainsi au ministère du prêtre, le seul succès qu'il ambitionne ici-bas, celui de sauver les âmes. Naguère encore, en me rappelant les principales circonstances de sa vie, elle me disait : Au temps du terrible choléra qui porta le deuil dans beaucoup de foyers en 1854, j'ai passé au soin des malades, les jours et souvent les nuits.

Lorsque sa santé l'obligea à se faire remplacer par une de ses compagnes, dont la modestie ne me permet pas de louer ici le zèle qui vous est bien connu, son repos ne fut pas un désœuvrement. A tous, elle ouvrait son cœur maternel ; aux âmes ulcérées par la souffrance, elle montrait la croix du Sauveur qu'elle-même avait appris à aimer dans de fréquentes et cruelles maladies supportées avec une patience inaltérable; aux mères de famille, elle donnait des conseils toujours marqués au coin de la prudence ; aux jeunes filles, elle enseignait la modestie chrétienne, l'amour du devoir, et si parfois les plaisirs les éloignaient de Dieu, sa fermeté savait les ramener dans le chemin de la vertu.

Aussi, Mes Frères, je ne suis pas étonné que des qualités si éminentes l'aient désignée au choix de ses compagnes, pour une fonction des plus importantes dans l'Ordre de la Providence, je veux parler de sa nomination comme assistante de la chère Mère, en **1879**. Vous vous rappelez l'émotion causée dans la paroisse par cette nouvelle : sœur Jean-de-la-Croix nous quitte. Aussitôt le vénérable pasteur Monsieur Bas, Monsieur le Maire et Monsieur le Président de la fabrique s'empressent d'adresser une requête à Monseigneur Bouange, pour obtenir le maintien à Sommevoire de sœur Jean-de-la-Croix. C'était le vœu unanime de la population.

Monseigneur voulut acquiescer au désir de tous, et sa Grandeur décida qu'en s'acquittant de sa nouvelle charge, sœur Jean de la Croix resterait au milieu de vous. Depuis lors, chaque année, elle passait à Langres plusieurs semaines, et je ne crois pas me tromper, en disant qu'elle apportait dans les conseils de l'Ordre, ce tact parfait, cette maturité de jugement, cette rare prudence qui distinguait toutes ses actions. Aussi, Mes Frères, je comprends cette parole de la chère Mère, apprenant que sœur Jean de la Croix était à toute extrémité : « Sa perte « sera pour moi et pour toute notre Communauté « un bien grand sacrifice à ajouter, hélas ! à tant « d'autres. »

Ces sacrifices, imposés par les circonstances malheureuses des temps actuels, sœur Jean-de-la-Croix les ressentait plus vivement que personne. C'est pourquoi depuis un an, à la vue de la persécution s'appesantissant de plus en plus sur les ordres religieux, j'ai surpris maintes fois sur ses lèvres ces paroles : « Mon Dieu, si c'est votre volonté, retirez-« moi bientôt de ce monde. » Il semble, mes Frères, que dans sa bonté le Seigneur ait voulu lui épargner bien des douleurs en l'appelant à la récompense.

Depuis plusieurs mois, sa santé dès longtemps ébranlée donnait de vives alarmes, ce n'est que par l'énergie de sa volonté que souvent elle cachait à tous ses douleurs. Enfin, la semaine dernière, après un mieux qui semblait lui promettre encore de longs jours, le mal s'aggrava subitement. Elle comprit que c'était la fin, elle vit arriver la mort avec calme et s'y disposa en religieuse. Elle-même demanda à recevoir le saint Viatique et l'Extrême-Onction. Depuis ce moment, elle parut ne plus appartenir à la terre ; aussi longtemps que ses lèvres mourantes purent prononcer des paroles, elle n'interrompit point sa prière, enfin lundi matin, elle rendait son âme à Dieu.

Ah ! mes Frères, c'est bien d'une telle mort qu'on peut dire : elle est précieuse devant Dieu. Oui, bienheureux ceux qui meurent ainsi dans le Seigneur. Sans doute, nous devons prier pour que Dieu la place promptement dans la gloire du Paradis, mais c'est avec la confiance qu'inspire la mort du juste.

Oh ! oui, saints du Ciel secourez cette âme, esprits célestes venez à sa rencontre, recevez-la dans les saints parvis, placez-la en présence du Très-Haut. Que le Christ qui vous avait appelée à son service vous reçoive au ciel et que les anges du Seigneur vous conduisent dans le sein d'Abraham. Ainsi soit-il.

DISCOURS DE M. LE MAIRE

Madame et chère Sœur,

En présence de la nombreuse assistance qui vous accompagne à votre dernière demeure, en face de la tristesse empreinte sur tous les visages, on ne peut s'empêcher de reconnaître que Sommevoire subit une grande perte et éprouve un véritable chagrin.

Arrivée au milieu de nous en 1837, dans vos jeunes années, vous étiez appelée à seconder la sœur qui donnait l'instruction aux jeunes filles et vous aviez aussi pour mission de soigner nos malades. Dans cette double tâche, vous avez apporté constamment tout votre zèle, tout votre dévouement.

Au bout de quelques années, vous quittiez notre pays pour un poste plus élevé et ce n'est qu'en 1849 que vous nous étiez rendue.

Vous n'étiez plus alors la jeune sœur, ignorante encore de bien des choses de la vie, votre expérience s'était accrue et complétée dans les différents postes qui vous avaient été confiés. Chez vous, les ressources de l'intelligence, les qualités du cœur dont vous étiez grandement douée avaient atteint leur entier développement. Aussi, est ce avec un tact parfait, un jugement sûr et des connaissances approfondies, que vous avez dirigé l'instruction et l'éducation de nos jeunes filles.

Vous avez su commander le respect, inspirer la confiance et vous créer des amitiés sincères. Combien de confidences vous ont été faites ! Combien de conseils vous ont été demandés ! Combien sont entrés chez vous le chagrin dans l'âme et en sont sortis avec un retour d'espoir !

Vous n'avez pas failli dans nos jours de deuil de 1854, alors qu'une terrible épidémie, en moins de deux mois, décimait notre population si éprouvée. Vous prodiguiez vos soins et les secours de toute nature à nos pauvres malades, et vos consolations ne faisaient pas défaut à ceux qui survivaient. Votre charité était inépuisable, et quand vos ressources manquaient, vous saviez près des opulents du jour, renouveler les approvisionnements destinés aux malheureux.

Quoique appelée dans les premiers rangs de votre Ordre, vous êtes, à notre demande, restée parmi nous, et dans vos derniers instants, n'oubliant pas vos enfants de Sommevoire, vous avez voulu demeurer au milieu de votre grande famille, vous voulu avez reposer au milieu de ceux que vou avez bien aimés.

Merci, Madame et chère Sœur, de ce nouveau témoi gnage d'affection. Merci, au nom de tous, d'une vi que vous nous avez si utilement et si dignemen consacrée, et recevez le suprême adieu qui part d plus profond de nos cœurs.

LANGRES. TYP. RALLET-BIDEAUD.

www.ingramcontent.com/pod-product-compliance
Ingram Content Group UK Ltd.
Pitfield, Milton Keynes, MK11 3LW, UK
UKHW020512180726
13839UKWH00005B/2036

9 782329 318646